moses.

THIS BOOK BELONGS TO

HAPPY me

IDEEN ZUM GLÜCKLICHSEIN

moses. Verlag GmbH
Arnoldstraße 13d
47906 Kempen
Fon 0 21 52 - 20 98 50
Fax 0 21 52 - 20 98 60
info@moses-verlag.de
www.moses-verlag.de

ISBN 978-3-89777-833-7

Layout, Titelgestaltung, Typographie und Satz: Stephanie Dünhölter
Illustrationen: Lydia Keßner
Texte: Silke Brandes
Alle Fotos Quelle: PHOTOCASE, Seite 16 - Marshi, Seite 17 - Cydonna, Seite 21 - Nivoa, Seite 48 - Zeema, Seite 49 - Gräfin, Seite 64 - M.edi, Seite 65 - Rockabella, Seite Seite 66 - Marshi, Seite 88 - AllzweckJack, Seite 112 - FemmeCurieuse, Seite 122 - Svea Anais Perrine
Produktmanagement: Clarissa Flender
Herstellung: Rico Günther
Printed in Europe

WHAT
YOU
CREATE

IS IMPORTANT!

FLY WITH THE WIND.

UND SETZ DICH AN WINDSTILLEN TAGEN EINFACH AUF EINE WIESE.

SINGING IN THE RAIN

SCHNAPP DIR GUMMISTIEFEL
UND HÜPF DURCH DIE PFÜTZEN.

SUCH DIR EINEN TRIMM-DICH-PFAD UND MACH LIEGESTÜTZE

IM WALD.

RIECHT DAS GUT!

Singe

ZUM SONNENAUFGANG MIT DEN VÖGELN UM DIE WETTE.

SAGE HÄUFIGER

ja!

SAGE HÄUFIGER

nein!

SETZE LIEBER
EINEN PUNKT
ALS EIN KOMMA.

Sage nie:

VIELLEICHT!

CHIPS

SCHAU DIR
EINE GANZE
NACHT
DEINE
LIEBLINGS
SERIE
AN.

SEI DANKBAR,
DASS **SPINNEN**
NICHT FLIEGEN KÖNNEN.

ICH BIN SCHWIERIG.
ABER VERSPRECHE,
DASS ICH ES WERT BIN.

REGEN IST
SO ARROGANT.
IMMER KOMMT ER
VON OBEN!

Froh zu sein,
bedarf es wenig,
und wer froh ist,
ist ein König.

SING MAL WIEDER EINEN KANON.

DAS MACHT LAUNE.

BEHANDELE DICH SO,
WIE DU VON ANDEREN
BEHANDELT
WERDEN MÖCHTEST.

ICH

FREUE MICH AUF

MICH

WO ES EINEN WEG GIBT,
LÄUFST DU AUF DEN SPUREN ANDERER.
WO ES NOCH KEINEN WEG GIBT,
KANNST DU DEINE SPUR HINTERLASSEN.

HOLZHACKEN
IST SEHR BELIEBT,
WEIL MAN DEN
ERFOLG
SOFORT SIEHT.
STRICKEN AUCH.

Das Problem will ich nicht.

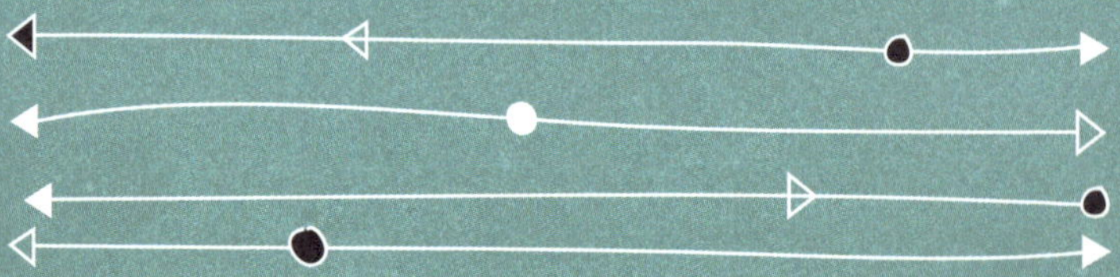

Zeig mir mal das nächste.

DICH KANN MAN NICHT
BESCHREIBEN.
DICH MUSS MAN
ERLEBEN.

ALLE GUTEN DINGE FANGEN MIT *S* AN:

SOMMER, SONNE, SEX, SCHOKOLADE, SAHNE, SELFIE, SEKT
UND BIER/DONUT/MARMELADE.

FANG PLÖTZLICH AN

zu lachen

WEIL DU DICH
AN ETWAS ERINNERST.

Sprich nie von

PROBLEM.

Nenne es

HERAUSFORDERUNG

AUCH SCHLECHTE

Tage

HABEN IHRE GUTEN

Momente.

FINDE SIE JEDEN TAG

AUFS NEUE.

Better
things
are
coming.

L(i)ebe
deinen
Traum.

JA,
DOCH!
Heute
kann ich!

EIN LIED,

ZWO, DREI…

ER

RUFT AN.
ER RUFT NICHT AN.
ER RUFT AN.
ER RUFT NICHT AN.
ER RUFT AN.

Basta.

SIE

ruft an.
Sie ruft nicht an.
Sie ruft an.
Sie ruft nicht an.
Sie ruft an.

Basta.

FAHRSTUHL ZUM OLYMP.

BITTE EINSTEIGEN!

Ich bin faul.
Und liege dazu.

CAREMBEAU

Bald ist
Wochenende.

Es ist Montag.

SEI DOCH KEIN HENGST.
RAUF AUFS PFERD UND
REIN IN DIE MANEGE.

DIE FABELHAFTE

Welt

DER

(SCHREIB HIER EINEN NAMEN DEINER WAHL HIN)

ICH KANN MICH
mehr als
ZWEI
MAL
halb
TOD LACHEN

Ätschibätsch!

TRY TO SMILE.
MUFFELCHEN.

DANKBARKEIT

VERWANDELT ALLES
WAS WIR BEREITS HABEN
SOFORT IN

genug!

YOU

only

LIVE

once

Y*O*L*O

HEUTE IST EIN GUTER TAG,
UM SICH DIE ZEHENNÄGEL
ZU LACKIEREN.

IN NEONGRÜN.

GIV DIG TID.
DAS IST DÄNISCH UND BEDEUTET
NIMM DIR ZEIT.

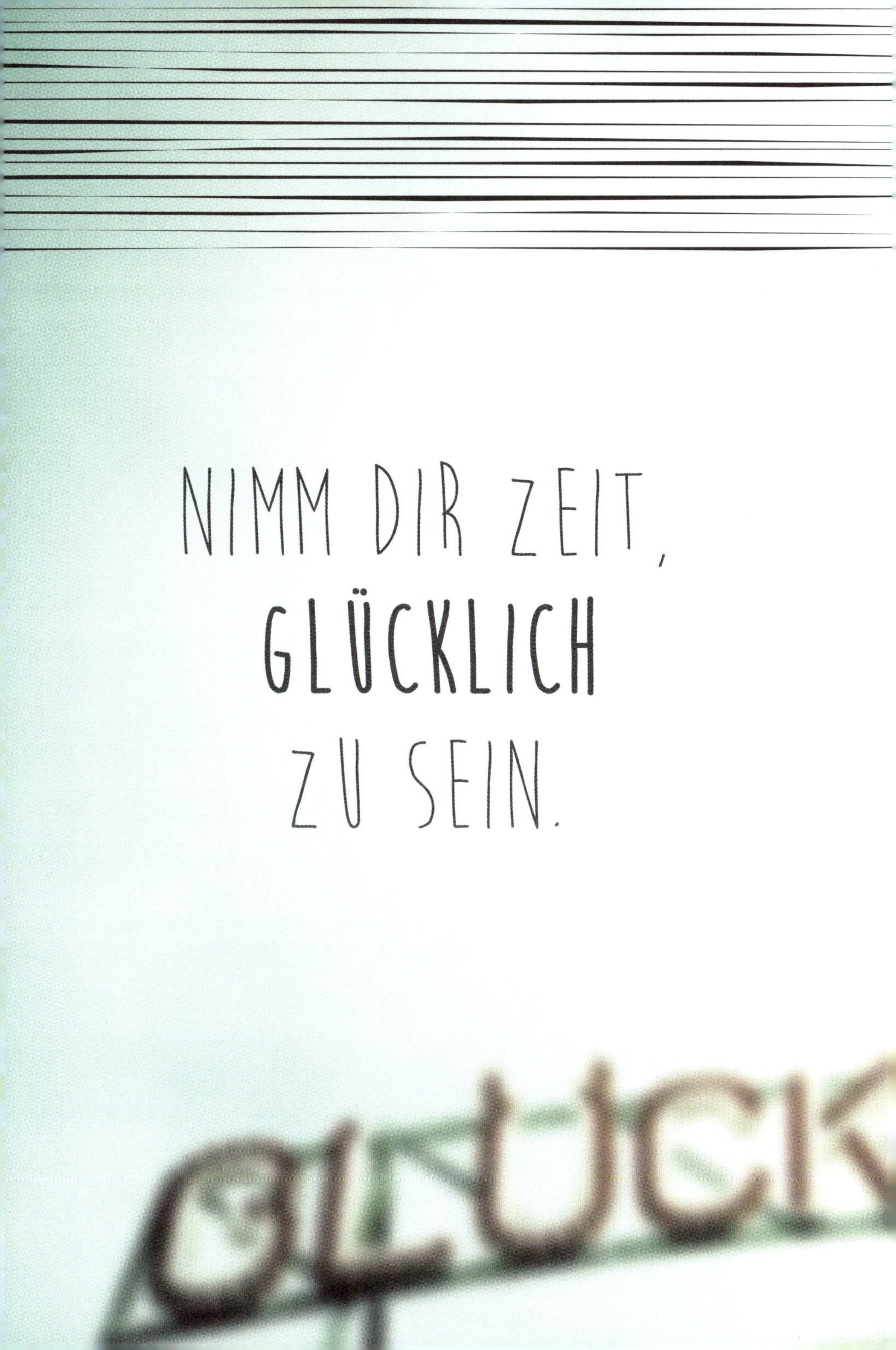

NIMM DIR ZEIT,
GLÜCKLICH
ZU SEIN.

DU WIRST SPÄTER einmal DAS WAS Du SPÄTER BIST.

THE
sooner
you
START
the sooner
YOU
start

Eile

MIT

Weile

DU SÜßE SCHNECKE.

TIME

is not

MONEY

time

IS LIFE

Glück verkürzt das Zeitgefühl

ERLAUBE DIR REGELMÄSSIG

einen

Tag

NICHTSTUN

It's time to stop dreaming and start doing.

WER
ZULETZT
LACHT,
DENKT
ZU
LANGSAM.

DIE ZEITEN
ändern SICH
GANZ *klar*
zum BESSEREN

DENKE NICHT
AN DIE Zukunft
SIE KOMMT
früh GENUG

ICH HABE
KEINE
Zeit
DENN ICH
NEHME SIE
MIR.

ja,
ICH HABE
KEINE
Zeit
MICH ZU
beeilen.

DAS IST HIER DIE

Frage

PÜNKTLICH SEIN

oder

UMWERFEND AUSSEHEN?

HEUTE IST NICHT ALLER TAGE

Du

KOMMST

wieder

KEINE FRAGE!

Du

BIST DER GRUND,
WARUM ICH
JEDEN MORGEN AUFSTEHE.
NEIN: SPASS.
ICH MUSS ZUR ARBEIT.

C'est drôle, la vie
DAS LEBEN SCHREIBT DIE BESTEN GESCHICHTEN.

MANCHMAL
EINFACH EINSEHEN:
DAS DING IST DURCH, DER
DROPS
IST GELUTSCHT, ODER
WIE DIE FRANZOSEN SAGEN:
LES CAROTTES
SONT CUITES!

KOMMT
Zeit
KOMMT
Rat

DER FRÜHE VOGEL
KANN MICH MAL.
ICH BIN LIEBER NACHTEULE.

jipieh!

FASTEN YOUR SEATBELTS.

IT'S GOING TO BE
A BUMPY NIGHT.

You

make me

absolutely

crazy.

ALL

YOU NEED IS

love.

YEAH!

MIEZEKATZE

sucht

Muskelkater

ICH

LIEBE

DICH,

MEHR, ALS IRGENDJEMAND
JEMALS EIN KANINCHEN
GELIEBT HAT.

Definitely
MAYBE

?

Liebe

GEHT-

Freundschaft

BLEIBT.

DAS LEBEN IST
EINE PRALINENSCHACHTEL.

UND DU BIST
MEINE LIEBLINGSPRALINE.

AN DIR

knisterts

IMMER

SO SCHÖN

ICH

knutsch

DICH

bis du

SCHIELST.

Amantes
AMENTES

LIEBENDE sind
VERRÜCKTE

Ich

SEH DIR

in DIE AUGEN

KLEINES

KANN
MAN
Dich
HEIRATEN
?

MACHT

mehr

KOMPLIMENTE!

LIEBE IST GIGANTISCH.

SORRY, DIESE ZWEI SEITEN REICHEN NICHT DAFÜR.

KUSS

DER AUSDRUCK
EINES EINDRUCKS
DURCH AUFDRUCK
MIT NACHDRUCK

LIEBE

IST NUR EIN WORT.
QUARK ABER AUCH.

ARMOR,

GIB MIR DIESEN PFEIL!

WAS SICH LIEBT,
DAS NECKT SICH.

ICH LIEBE DICH
BIS ZUM MOND
UND ZURÜCK.

ICH

bin ja so verschossen
in deine

SOMMERSPROSSEN.

Heute

SCHREIBE

ich mir

EINEN

LIEBESBRIEF.

LIEBE DAS

Leben

DANN LIEBT'S

dich

ZURÜCK

LIVE,
WORK,
CREATE.

ENJOY!

ES

kommt

IMMER

anders

ALS MAN

DENKT

ICH

denke

ALSO

bin

ICH

DESCARTES.

SEI KEIN IGEL
IN EINER LUFTBALLONFABRIK,
LIEBER EINE KATZE IM SCHNEE.
DIE SPUREN SIND SCHÖNER.

MACH EINFACH MEHR
VON DIESEM
‚DAS SOLLST DU NICHT'-
ZEUGS.

Write

A POSTCARD
TO A
GOOD FRIEND.

MORGEN ERFINDE ICH
KATZENFUTTER MIT
Mäusegeschmack

DON'T

forget

TO

HÜPF

WARM
SATT
GLÜCKLICH

WAS WILL MAN MEHR!?

IN ECHT
BIN ICH EIN PANDABÄR,

LIEGE NUR FAUL RUM,
BIN DICK UND TROTZDEM
FINDEN MICH ALLE
niedlich.

Probieren
GEHT ÜBER
studieren.

TRÄUME SIND SCHÄUME!

BADE DARIN.

DIE

GEDANKEN

sind

FREI

TEAM!?

TOLL,
EIN ANDERER MACHT'S.

NEIN.

Stil

IST NICHT

das

Ende

DES BESENS

Don't
FORGET TO
DANCE

ERRARE HUMANUM EST.

Where

IS THE NEXT

Supermarkt?

ICH

BRAUCHE WAS

SÜSSES

WARUM HAT TARZAN KEINEN BART?
WARUM IST EINSILBIG DREISILBIG?
WAS ZÄHLEN SCHAFE,
WENN SIE EINSCHLAFEN WOLLEN?

SOLCHE FRAGEN
HALTEN DAS KÖPFCHEN
WACH UND MUNTER.

DEIN WICHTIGSTES KAPITAL
IST KLEIN, GRAU
UND WIEGT CA. 1,3 KG.

NUTZE ES!

SEI IMMER DU SELBST.

AUẞER DU KANNST EIN
EINHORN SEIN,
DANN SEI EIN EINHORN.

HEUTE MACHE ICH GAR NICHTS.

GAR NICHTS. –
ICH MACHE AUCH SONST NICHTS,
ABER HEUTE NEHME ICH MIR
NOCH NICHT MAL WAS VOR!

DA WILL MAN MAL
IN RUHE
DIE WOHNUNG PUTZEN
UND WAS IST?

MAN HAT KEINE

LUST.

ICH KANN JETZT AUCH *nur* VERMUTEN *was* ICH DAMIT MEINE.

GIB NIE EINEN
TRAUM AUF, NUR WEIL
DIE VERWIRKLICHUNG
VIEL ZEIT KOSTEN WÜRDE.

DIE ZEIT
VERSTREICHT EH.

HAPPY ME

ENDE

NUN

Carpe

ENDLICH

DEN VERFLIXTEN

diem

HAPPY me

POSTKARTEN & STICKERBÖGEN

SEI DANKBAR, DASS SPINNEN NICHT FLIEGEN KÖNNEN.
live WORK CREATE ENJOY!
NEIN. Stil IST NICHT DAS Ende DES BESENS
Ich bin faul. Und liege dazu.
CAREMBEAU
TRÄUME SIND SCHÄUME! BADE DARIN.
WAS SICH LIEBT, DAS NECKT SICH.

NUN Carpe ENDLICH DEN VERFLIXTEN diem
KANN MAN Dich HEIRATEN ?
LIEBE AUF DEN ERSTEN BLICK SPART EINE MENGE ZEIT
SEI KEIN IGEL IN EINER LUFTBALLONFABRIK. LIEBER EINE KATZE IM SCHNEE. DIE SPUREN SIND SCHÖNER.
L(i)ebe deinen Traum
YOU only LIVE once Y*O*L*O

FOR You
hello LOVE
TRY TO SMILE
ICH KANN JETZT AUCH nur VERMUTEN was ICH DAMIT MEINE
DIE ZEITEN ändern SICH GANZ klar zum BESSEREN
LETTER FOR YOU
DENKE NICHT AN DIE Zukunft SIE KOMMT früh GENUG
live WORK CREATE ENJOY
DON'T forget TO HÜPF
KEEP going!
HAPPY me
Be AWESOME TODAY

You MADE MY DAY
C'est la vie
smile
BE happy
DU WIRST SPÄTER einmal DAS WAS Du SPÄTER BIST
Better THINGS are COMING
Das Problem will ich nicht.
Zeig mir mal das nächste.
WITH Love
ICH FREUE MICH AUF MICH
SAY yes!
let it BE
AN DIR knisterts IMMER SO SCHÖN

To you
at home
in Town

DAS IST HIER DIE
Frage
PÜNKTLICH SEIN
oder
UMWERFEND AUSSEHEN?
HEUTE IST NICHT ALLER TAGE
Du
KOMMST
wieder
KEINE FRAGE!
DON'T
forget
TO
HÜPF
JA, DOCH!
Heute
kann ich!
Write
A POSTCARD TO A GOOD FRIEND.
Sprich nie von
PROBLEM.
Nenne es
HERAUSFORDERUNG

AUCH SCHLECHTE Tage HABEN IHRE GUTEN Momente. FINDE SIE JEDEN TAG AUFS NEUE.
DIE GEDANKEN sind FREI
You make me absolutely crazy.
Ich SEH DIR in DIE AUGEN KLEINES
Glück VERKÜRZT das ZEITGEFÜHL
Liebe GEHT- Freundschaft BLEIBT.

HOLZHACKEN
IST SEHR BELIEBT,
WEIL MAN DEN
ERFOLG
SOFORT SIEHT.
STRICKEN AUCH.

DICH KANN MAN NICHT
BESCHREIBEN.
DICH MUSS MAN
ERLEBEN.

HAPPY me

»aus dem Buch Happy me – Glücklichmacher für den Alltag 978-3-89777-833-7«

HAPPY me

»aus dem Buch Happy me – Glücklichmacher für den Alltag 978-3-89777-833-7«

ALLE GUTEN DINGE FANGEN MIT *S* AN:

SOMMER, SONNE, SEX, SCHOKOLADE, SAHNE, SELFIE, SEKT UND BIER/DONUT/MARMELADE.

ARMOR,

GIB MIR DIESEN PFEIL!

HAPPY
me

›aus dem Buch Happy me · Glücklichmacher für den Alltag 978-3-89777-833-7‹

HAPPY
me

›aus dem Buch Happy me · Glücklichmacher für den Alltag 978-3-89777-833-7‹

HAPPY
me

›aus dem Buch Happy me – Glücklichmacher für den Alltag 978-3-89777-833-7‹

HAPPY
me

›aus dem Buch Happy me – Glücklichmacher für den Alltag 978-3-89777-833-7‹

Ich bin faul.
Und liege dazu.

CAREMBEAU

Glück
VERKÜRZT
das
ZEITGEFÜHL

HAPPY me

›aus dem Buch Happy me - Glücklichmacher für den Alltag 978-3-89777-833-7‹

HAPPY me

›aus dem Buch Happy me - Glücklichmacher für den Alltag 978-3-89777-833-7‹

SEI DOCH KEIN HENGST.
RAUF AUFS PFERD UND
REIN IN DIE MANEGE.

DAS LEBEN IST EINE PRALINENSCHACHTEL.

UND DU BIST MEINE LIEBLINGSPRALINE.

L(i)ebe deinen Traum.

DENKE NICHT AN DIE Zukunft SIE KOMMT früh GENUG

HAPPY
me

›aus dem Buch Happy me - Glücklichmacher für den Alltag 978-3-89777-833-7‹

HAPPY
me

›aus dem Buch Happy me - Glücklichmacher für den Alltag 978-3-89777-833-7‹

moses.

ICH LIEBE DICH,

MEHR, ALS IRGENDJEMAND JEMALS EIN KANINCHEN GELIEBT HAT.

TRY TO SMILE.
MUFFELCHEN.

HAPPY me

aus dem Buch Happy me - Glücklichmacher für den Alltag 978-3-89777-833-7

HAPPY me

aus dem Buch Happy me - Glücklichmacher für den Alltag 978-3-89777-833-7

HAPPY me

›aus dem Buch Happy me – Glücklichmacher für den Alltag 978-3-89777-833-7‹

HAPPY me

›aus dem Buch Happy me – Glücklichmacher für den Alltag 978-3-89777-833-7‹

LIE|BE

IST NUR EIN WORT.
QUARK ABER AUCH.

LIEBE

LIEBE IST GIGANTISCH. SORRY, DIESE KARTE REICHT NICHT DAFÜR

›aus dem Buch Happy me - Glücklichmacher für den Alltag 978-3-89777-833-7‹

›aus dem Buch Happy me - Glücklichmacher für den Alltag 978-3-89777-833-7‹

It's time to stop dreaming and start doing.

IN ECHT
BIN ICH
EIN PANDABÄR,
LIEGE NUR FAUL RUM, BIN DICK
UND TROTZDEM FINDEN MICH ALLE
niedlich.